Inside the Mind of a Man

Inside the Mind of a Man

Inside the Mind of a Man

Chapter 1:

Inside the Mind of a Man

Inside the Mind of a Man

Inside the Mind of a Man

Chapter 2:

The Thought Process of a Man

Inside the Mind of a Man

Inside the Mind of a Man

Chapter 3:

Inner thoughts of a Man

Inside the Mind of a Man

Inside the Mind of a Man

Chapter 4:

What is Happening Inside the Male Mind

Inside the Mind of a Man

Inside the Mind of a Man

Chapter 5:

Male Consciousness

Inside the Mind of a Man

Inside the Mind of a Man

Chapter 6:

What Years of Research Discovered about the Male Mind

Inside the Mind of a Man

Inside the Mind of a Man

Chapter 7:

Male Reasoning

Inside the Mind of a Man

Inside the Mind of a Man

Chapter 8:

Male Mental Physiology

Inside the Mind of a Man

Inside the Mind of a Man

Chapter 9:

Male Mental Biology

Inside the Mind of a Man

Inside the Mind of a Man

Chapter 10:

Male Insights

Inside the Mind of a Man

Inside the Mind of a Man

Chapter 11:

The Breakthrough

Inside the Mind of a Man

Inside the Mind of a Man

Chapter 12:

What the Research Proved to be Inside the Male Mind

Inside the Mind of a Man

Inside the Mind of a Man

Chapter 13:

Neurology

Inside the Mind of a Man

Inside the Mind of a Man

Chapter 14:

Neurobiology

Inside the Mind of a Man

Inside the Mind of a Man

Chapter 15:

Neurophysiology

Inside the Mind of a Man

Inside the Mind of a Man

Chapter 16:

The Facts of Male Thought

Inside the Mind of a Man

Inside the Mind of a Man

Chapter 17:

The Male Brain

Inside the Mind of a Man

Inside the Mind of a Man

Chapter 18:

Why Men do the Things They Do

Inside the Mind of a Man

Inside the Mind of a Man

Chapter 19:

The Inner Workings

Inside the Mind of a Man

Inside the Mind of a Man

Chapter 20:

The Shocking Truth

Inside the Mind of a Man

Inside the Mind of a Man

Chapter 21:

Male Reasoning

Inside the Mind of a Man

Inside the Mind of a Man

Chapter 22:

Cognitive Ability of a Man

Inside the Mind of a Man

Inside the Mind of a Man

Chapter 23:

What You Never Knew About the Male Mind

Inside the Mind of a Man

Inside the Mind of a Man

Chapter 24:

What is Truly Inside the Male Mind

Inside the Mind of a Man

www.ingramcontent.com/pod-product-compliance
Lightning Source LLC
Chambersburg PA
CBHW020326290526
45785CB00007B/2930